AF248008

RÉQUISITOIRE

DU PROCUREUR GÉNÉRAL PRÈS LA COUR IMPÉRIALE DE PARIS

COMPLOT CONTRE LA VIE DE L'EMPEREUR

PARIS

B. WARÉE AINÉ, LIBRAIRE

DE LA COUR IMPÉRIALE DE PARIS.

1857

COUR D'ASSISES DE LA SEINE.

RÉQUISITOIRE

DU PROCUREUR GÉNÉRAL PRÈS LA COUR IMPÉRIALE DE PARIS.

MESSIEURS DE LA COUR, MESSIEURS LES JURÉS,

Si tout l'intérêt de ce procès se concentrait sur les trois accusés présents, notre tache serait aisément remplie. Deux d'entre eux font l'aveu de leur crime, et le troisième, en le niant contre toute évidence, ne fait que démontrer ce qu'il y a de sérieux dans l'accusation dont ils sont tous les trois l'objet.

Mais l'intérêt de cette affaire va plus loin. Lorsqu'un assassin politique est pris le poignard à la main, le bon sens public ne se trompe pas sur l'importance de cette capture. A côté du sentiment d'horreur et de réprobation qu'inspire toujours une tentative d'assassinat, se place un sentiment de pitié pour des malheureux qui ne sont le plus souvent que les instruments aveugles d'une volonté

qui se cache. Le cri public appelle dans ce cas le châti-
ment des vrais coupables; mais la justice, trop souvent
impuissante à les atteindre, est réduite à faire porter tout
le poids de la peine sur ceux qui n'ont été que les instruments du crime.

Une satisfaction plus entière sera donnée, dans cette
circonstance, à l'opinion publique. Ceux qui se contentent
d'armer le bras des assassins, ceux qui jouent la vie des
autres sans risquer leur vie, ceux qui soldent le crime
avec un argent mendié à la charité publique, ceux qui se
cachent seront dévoilés ; nous les avons pris dans les filets
de leurs abominables intrigues, et nous allons les exposer
aux yeux de l'Europe, pour qu'ils restent à jamais sous
le coup de cette flétrissure.

Nous osons dire que notre preuve sera complète.

On est difficile sur les preuves, nous le savons bien,
dans les affaires de cette nature. Les hommes de parti
qui connaissent bien tous les ressorts de l'intrigue com-
mencent par faire circuler le bruit que l'affaire n'est pas
sérieuse. S'ils sont pressés par les preuves, ils en con-
testent l'authenticité. S'il y a des aveux, il les flétrissent
en les traitant de lâches complaisances. Il y a aussi des
Machiavels d'estaminet et de carrefour dont l'opinion est
que c'est la police qui fait les conspirations et qui arme
le bras des assassins.

Tout cela circule, s'accrédite plus ou moins, et élève,
quoi qu'on puisse faire, des préventions bien fortes contre les accusations les mieux établies. Nous le savons, et
dans cette circonstance pourtant si grave, nous n'en con-
cevons aucune inquiétude. Faites des protestations dans
les journaux étrangers, accumulez mensonges sur mensonges, faussez tant que vous le pourrez l'opinion publi-

que, nous établirons contre vous, de manière à ne pas
laisser un doute, que vous avez été les instigateurs de
cette tentative d'assassinat ; que vous avez abusé de l'hospitalité donnée, et qu'il n'y a plus qu'à vous mettre au
ban de l'Europe.

Dans une cause de cette importance, nous ne parlons
pas seulement pour vous, Messieurs les Jurés, nous parlons pour la France et pour les nations étrangères, inté-
ressées presque autant que nous au jugement de ce procès. C'est vous dire assez, Messieurs, ce qu'il y a de
grandeur et d'importance dans la mission qui vous est
confiée. Si l'institution du jury avait besoin d'être justi-
fiée ou défendue, elle trouverait sa première raison d'être
dans ces circonstances solennelles où la nation tout entière, se voyant menacée dans son existence, sent le besoin d'intervenir elle-même et de prendre sa part dans
l'appréciation des preuves et dans le jugement du crime.
Cette grande institution du jury, contre laquelle protestent aujourd'hui des exilés qui ne reconnaissent plus aucune de nos lois, a continué d'exister à travers toutes nos
révolutions politiques, dans toute sa pureté et sa sincé-
rité ; elle est ce qu'elle a toujours été, ce qu'elle était
lorsque ceux qui protestent aujourd'hui se plaçaient avec
empressement sous son égide. Seulement, comme elle
émane de la nation, elle a tous ses instincts, elle a toutes
ses volontés.

Empressée à défendre la cause de la liberté, lorsque la
liberté est en péril, elle a le même empressement à défendre la cause de l'ordre, lorsque l'ordre est menacé.

Mais si quelquefois le jury, ou si vous voulez l'opinion
publique, se divise sur la question de savoir lequel est
en péril, de l'ordre ou de la liberté, elle se réunit tout

entière, elle n'a plus qu'une voix lorsqu'il s'agit de flétrir l'assassinat.

Que les accusés absents cessent donc de protester contre le jury en tant qu'institution judiciaire ; le jury est en France ce qu'il a toujours été. Qu'ils cessent surtout de faire appel à telle ou telle opinion politique ; il ne s'agit pas ici de politique, il s'agit d'assassinat.

Quant aux preuves, nous prenons l'engagement de démontrer que jamais preuves judiciaires n'ont été plus solidement établies. Venons à la discussion.

Comment l'autorité a-t-elle été mise sur la voie du complot? Nous pourrions le taire, car nous n'avons qu'une chose à établir : qu'il y a eu un complot commencé à Londres, poursuivi à Paris, complot ayant pour objet d'attenter à la vie de l'Empereur. Mais, comme l'autorité n'a usé que des voies légales pour saisir les preuves du complot, nous dirons les moyens à l'aide desquels l'autorité supérieure est arrivée à saisir les premières indications du crime.

Mazzini, qui n'est pas un homme d'action, et qui emploie à écrire le temps que d'autres emploient à agir, a des correspondants sur tous les points où s'étendent ses intrigues. Il était à Gênes, on sait pourquoi, au mois de juin dernier. Ses lettres à Londres étaient écrites sous le nom d'un nommé Stalford.

Ce point connu, il est devenu facile de surveiller de ce côté les manœuvres de Mazzini.

Le 10 juin, trois lettres enfermées sous une même enveloppe sont saisies à la poste, en vertu d'un mandat.

La première est adressée à Massarenti ; la deuxième, à Campanella. Mazzini parle des événements d'Italie ; mais il parle aussi de l'affaire de Paris. Il faut s'entendre avec

Massarenti, et il ajoute : « Ci-joint une ligne pour l'ami connu de Massarenti, qui demeure rue Ménilmontant, 122; là ils trouveront le *matériel*. » Cette adresse étant donnée, le secret du complot était surpris.

On a cru qu'il ne fallait pas attendre la venue des deux nouveaux émissaires de Mazzini. Tibaldi, Grilli et Bartolotti ont été arrêtés.

Il ne s'agit pas encore d'établir la preuve, mais de faire voir comment le complot a été saisi. Ceci est important pour répondre à ceux qui, en matière de complot, ne croient qu'à l'action de la police.

A moins que la police n'ait dicté les lettres de Mazzini, il faudra bien reconnaître que ce complot n'a pour auteur que le trop fameux agitateur de l'Italie. Il a été pris non sur un champ de bataille, il ne pouvait l'être, mais dans le champ des conspirations et des complots. Il laissera dans cette affaire jusqu'à cette triste réputation d'habileté que ses amis vantaient pour faire oublier ce qui lui manque du côté du courage. C'est lui, c'est son imprudence qui a livré les fils du complot et qui en a trahi le secret. Il a été vaincu dans son art même.

Maintenant, venons aux preuves. Bartolotti est un de ces tristes débris de la légion anglo-italienne qui, recrutée pour une guerre honorable, n'a laissé, après son licenciement, que des aventuriers au service de toutes les mauvaises causes et de tous les méchants desseins. La misère et ses passions mal satisfaites l'ont livré aux mains de Massarenti, qui était venu à York pour y recruter des séides ; Massarenti lui a donc proposé une affaire qui, disait-il, lui rapporterait de l'argent.

Voyons comment procède notre preuve à l'égard de cet accusé. Dans son interrogatoire du 13 juin, Bartolotti déclare qu'il est venu de Londres à Paris au mois d'avril 1857, avec un passe-port au nom de Lazzeri, en compagnie de Grilli. Tibaldi leur a procuré un logement. Il retourne en Angleterre ; il revient au mois de juin. A Londres, il avait vu Massarenti ; il ne connaissait pas Mazzini ; il n'avait pas eu la mission d'assassiner l'Empereur.

Au fond, c'est une dénégation : mais que de choses importantes ! Tibaldi lui avait retenu un logement ; à Londres, il avait vu Massarenti.

Pour nous qui savions, par la lettre de Mazzini, que les deux assassins étaient adressés à Tibaldi ; que c'était Massarenti qui les avait recrutés et expédiés, c'était assez.

Mais les preuves allaient se presser contre Bartolotti. On avait saisi chez Tibaldi une lettre de Massarenti, adressée à Bartolotti, le 26 mai 1855, pendant son séjour à York.

(*M. le procureur général donne lecture de la lettre du 26 mai, écrite à Bartolotti.*)

Les termes de cette lettre n'ont pas besoin de commentaires. On y voit clairement qu'un projet d'assassinat avait amené une première fois à Paris Bartolotti et son compagnon, désigné sous le nom de *Paul* ; que ce projet a été suspendu par le retour de Bartolotti en Angleterre ; qu'enfin, les reproches de Massarenti ont décidé ce dernier à retourner en France.

En présence d'un document aussi précis, faut-il s'étonner que Bartolotti ait fait des aveux plus explicites?

On l'interroge de nouveau les 9 et 17 juillet : on lui donne lecture de la lettre que Massarenti lui a écrite à York ; il fait alors des aveux qui n'ont aucun mérite à nos yeux, car la dénégation est impossible en présence des preuves qui lui sont administrées. Il reconnaît et déclare qu'après le licenciement de la légion étrangère, Massarenti est venu le trouver à York; qu'il était dans le dénuement le plus complet; que Massarenti lui a proposé de l'argent et l'a conduit à Londres. Là il a eu une première entrevue avec Mazzini. A cette entrevue assistait un Français, gros, grand, portant des moustaches, et dont le nom a été prononcé devant lui; ce nom, Bartolotti le reproduit ainsi avec son accent italien, *Redrou-Rolline*. Mazzini a parlé de l'affaire devant le Français; il a dit à Bartolotti : « Vous serez deux ; vous irez près du palais de l'Empereur; vous me ferez savoir si l'Empereur sort le jour et revient la nuit. »

Une seconde conférence a lieu chez Mazzini, quelques jours plus tard ; Massarenti et Grilli y assistaient ; Ledru-Rollin n'y était pas. On a annoncé aux deux accusés qu'ils allaient se rendre à Paris, et on leur a donné l'adresse de Tibaldi, rue Ménilmontant, 122. Mazzini leur a dit : « Vous direz que vous venez de Londres, cela suffira ; vous ajouterez : Conduisez-nous au palais de l'Empereur, et on vous conduira. »

Plus tard , Massarenti a donné cinquante pièces de cinq francs à Bartolotti.

Il y avait tout dans cet aveu ; tout, excepté la confession du crime lui-même. Mais comment admettre que Bartolotti n'était envoyé par Mazzini que pour surveiller les entrées et les sorties de l'Empereur, lorsque nous avons les armes saisies chez Bartolotti, le poignard même de Bartolotti, la lettre de Bartolotti à sa maîtresse, dans laquelle il dit qu'il retournera à York, *s'il survit ?*

Les aveux faits à l'audience ne laissent d'ailleurs plus de doute sur l'objet même de la mission : c'était l'assassinat !

Grilli, qui avait pris le nom de *Faro*, annonce un caractère plus concentré et plus dangereux que celui de son compagnon Bartolotti. Son attitude a été différente ; mais ces diversités mêmes dans l'attitude et le langage des deux accusés et dans la progression de leurs aveux donnent un caractère de vérité plus saisissant à ce premier ordre de preuves.

Voyons comment procède Grilli. Dans son premier, deuxième, troisième interrogatoire, il persiste à tout nier. C'est un conspirateur émérite qui connaît les conséquences que l'on peut tirer de la reconnaissance d'un fait qui paraît insignifiant, et qui nie tout pour ne rien compromettre. Ainsi Bartolotti avait reconnu dans son premier interrogatoire qu'il avait été adressé à Tibaldi par des amis de Londres. Ce fait, tout insignifiant qu'il pût paraître, nous avait appris que Bartolotti était l'un des deux assassins.

Grilli, qui persiste à se cacher sous le nom de *Faro*, se garde bien de reconnaître qu'il ait été adressé à Tibaldi. Il ne connaît pas même Bartolotti ; il l'a rencontré pour la première fois sur le bateau à vapeur. Il va sans dire qu'il ne connaît pas Mazzini, et qu'il n'a rien de commun avec lui.

C'est dans ces termes que se tient Grilli jusqu'au jour où le juge d'instruction lui donne lecture du dernier interrogatoire de Bartolotti. Alors, le juge, faisant un appel à ce dernier sentiment d'honneur qui reste au fond des cœurs les plus pervertis : « Quel est le menteur de vous deux ? » dit-il, en regardant les deux accusés. Après s'être recueilli un moment : « C'est moi, dit Grilli, et si je ne dis pas toute la vérité, que l'on me coupe la tête ! »

Bartolotti avait parlé par faiblesse. Grilli parle par un mouvement de fierté et de bravade. Chacun d'eux marche à la vérité suivant l'impulsion de son caractère. Fidèle à la promesse qu'il avait faite, Grilli ne parle pas à demi. Il commence par reconnaître qu'il se nomme Paolo Grilli, né à Césène, dans les États-Romains. Il a quitté son pays en 1854, pour échapper à une arrestation dont il était menacé. Depuis cette époque, il a vécu à Gênes, à Marseille, puis à Londres. Un jour, dit-il, se trouvant à Londres, sans ressources, il a rencontré Massarenti dans une taverne ; ce dernier lui a dit, après d'autres propos : « Mazzini te donne cinquante napoléons d'or pour assassiner l'Empereur. » Grilli a demandé deux ou trois jours pour réfléchir, puis il a accepté ; et c'est alors que Massarenti est allé chercher Bartolotti à York. Grilli n'a assisté qu'à la deuxième conférence chez Mazzini. Là, on a combiné l'affaire et donné les instructions. Mazzini leur a dit nettement : « Vous étudierez les habitudes de l'Empereur, et vous ferez votre coup quand vous trouverez l'occasion favorable. »

Ils ont reçu de Massarenti cinquante napoléons d'or, et ils sont partis. Arrivés à Paris, ils vont chez Tibaldi, qui les reconnaît sur un mot d'ordre ; il les loge rue du Faubourg-Saint-Denis, chez le facteur Augrand. Bartolotti part pour Londres au mois de mai, pendant le voyage de Fontainebleau ; il revient à Paris dans les premiers jours de juin.

Grilli fait connaître une circonstance qui était restée ignorée. Quelques jours après leur arrivée, Tibaldi leur avait remis deux poignards. Ils étaient restés cachés sous une commode de la petite chambre louée par Augrand : ces deux poignards ont été trouvés, à la place indiquée, par le commissaire de police Colin. La femme Gallibourg raconte, de son côté, que, un mois avant l'arrestation de Tibaldi, celui-ci est venu prendre sa valise et qu'il l'a rapportée le lendemain. C'est le moment où il avait tiré de la valise les deux poignards.

Tibaldi se renferme dans une dénégation absolue, et il ne se doute pas que ces dénégations faites contre toute évidence ne servent qu'à donner à l'ensemble de cette affaire un cachet plus marqué de vérité. Oui, Messieurs, c'est ainsi que procède le vrai dans les affaires humaines. Chaque accusé se produit avec le caractère qui lui est propre : celui-ci à demi sincère et sincère par faiblesse, celui-là cédant à un bon mouvement et sincère par fierté, cet autre ne perdant pas de vue son rôle de conspirateur et poussant la dénégation jusqu'à l'absurde. Tel est Tibaldi. Mais nous allons le convaincre par des preuves plus irrécusables que ne pourraient l'être ses propres aveux.

Je ne puis pas laisser de côté les déclarations de ses deux complices. Voilà Bartolotti qui, dans son premier interrogatoire, ne croit rien apprendre à personne et ne compromettre personne, et qui déclare qu'il a été reçu par Tibaldi, que Tibaldi lui a procuré un logement. Or, c'était précisément ce que nous apprenait la lettre de Mazzini. C'est à Tibaldi, rue Ménilmontant, 122, que devaient être adressés les deux assassins. Quand Bartolotti fait un pas de plus dans la voie des aveux, il ajoute que Tibaldi les a conduits, lui et son compagnon, aux abords des Tuileries et des Champs-Élysées ; et quand Grilli se décide à dire toute la vérité, il ne nous laisse plus aucun doute sur la complicité de Tibaldi. Mais venons à un autre ordre de preuves, les lettres.

Dans la lettre de Gênes, écrite le 10 juin par Mazzini à Campanella, nous lisons ce qui suit : « Ci-incluse est une ligne pour l'ami connu de Massarenti, qui demeure rue Ménilmontant, 122; *là, ils trouveront le matériel.* »

Voyons le billet inclus. Le destinataire n'est pas autrement désigné que par les initiales de P. T. (Paolo Tibaldi); mais la lettre à Campanella, dans laquelle le billet est inclus, nous dit que ces lignes sont destinées à l'ami connu de Massarenti, qui demeure rue Ménilmontant, 122. Par conséquent, pas de doute sur ce point que le billet est pour Tibaldi. Il est ainsi conçu :

« Les porteurs sont en tout comme les deux que vous avez; traitez-les également et sans réserve, mais faites qu'ils travaillent indépendants, c'est le mieux pour tous.

« 10 juin·

« Votre GIUSEPPE. »

Tibaldi prétend encore qu'il ne connaît pas Massarenti. Voici une lettre de Massarenti qui lui est adressée :

« Londres, 8 juin 1857.

« Cher Tibaldi, j'ai reçu votre chère lettre que vous m'avez prié de remettre à votre oncle. Comme votre oncle est allé pour l'affaire en Irlande, je la lui fais tenir, et je crois qu'il vous répondra de suite et directement. »

Maintenant, nous avons encore la lettre écrite par Tibaldi, et que Massarenti devait faire passer à Mazzini. Elle est ainsi conçue :

« Paris, 4 juin 1857.

« Mon cher oncle,

« Voici la troisième lettre que je vous écris sans recevoir de réponse... L'un de vos amis, je l'ai placé dans une des plus fortes maisons d'ici pour son état ; l'autre était parti, il est revenu d'après votre volonté. Je vous dirai que notre malade ne va pas mieux. Il vient ici de loin en loin, et je crois, de cette manière, qu'il sera difficile de le guérir ; mais nous ne négligerons rien pour arriver à notre but.

« Je désire que vous renvoyiez de suite la lettre de.... imprimée ; elle est d'urgence pour le vote.

« Je suis toujours votre très-dévoué,

« P. T. »

Cette lettre a été écrite par la femme Girot, qui en fait l'aveu. Dans son premier interrogatoire, elle avait répondu qu'elle n'avait rien écrit ; on lui fait faire un corps d'écritures, elle reconnaît qu'elle a écrit cette lettre. Cette lettre se rapporte-t-elle à l'affaire de Paris, aux hommes envoyés par Mazzini ? Un simple détail le prouve. Tibaldi dit, en parlant de l'un d'eux : « Je l'ai placé dans une des maisons les plus fortes d'ici pour son état. » Grilli était placé par Tibaldi dans une forte maison de chapellerie.

« L'autre était parti, il est revenu d'après votre volonté. » C'était Bartolotti qui était parti pour York, mais qui était revenu à Paris au moment où Tibaldi écrivait. Mais n'est-ce pas chez Tibaldi que l'on a trouvé ce que Mazzini appelait *le matériel,* c'est-à-dire les instruments du crime ? Le 13 juin, jour de l'arrestation de Tibaldi, on n'avait trouvé chez lui aucune arme. Cependant la lettre de Mazzini disait que c'était là qu'était déposé *le maté-*

riel. Tout devait se vérifier. Le lendemain 14, le commissaire de police, poursuivant ses recherches dans la maison rue Ménilmontant, nº 122, trouve, chez les époux Gallibourg, voisins de Tibaldi, une valise fermée. La femme Gallibourg reconnaît que la valise lui a été confiée par la femme Girot qui vit avec Tibaldi. On fait l'ouverture de la valise et on trouve cinq poignards, quatorze pistolets à deux coups, un pistolet d'arçon, un pistolet revolver à cinq coups, des moules à balles, des capsules, tout cet arsenal qui est en ce moment étalé devant vous.

Que dit Tibaldi sur la possession de ces armes? Dans les affaires de complot on a quelquefois entendu des conspirateurs soutenir que la police avait fait porter chez eux des armes. Tibaldi, qui nie tout, n'a pas même cette ressource. Les armes ont été trouvées chez la femme Gallibourg sa voisine, et il est bien obligé de reconnaître que c'est lui qui a confié la valise fermée à la femme Gallibourg. Seulement, il prétend que c'est un étranger nommé Merighi, qui, un an auparavant, lui avait confié cette valise. Mais il reçoit sur ce point un démenti formel de la femme Girot et de la femme Gallibourg. Il résulte de la déclaration de la femme Girot que la valise en question a été apportée par Tibaldi dans leur domicile commun, il y a cinq ou six mois seulement, à une époque correspondant au voyage que Tibaldi avait fait à Londres, au mois de janvier 1857.

Dans les premiers jours de mai, il fait reprendre la valise pour en finir. C'est le moment où il donnait les deux poignards à Bartolotti et à Grilli.

Ainsi donc tout démontre la culpabilité de Tibaldi : les aveux de ses complices, le billet de Mazzini : « Les porteurs sont en tout comme les deux que vous avez ; »

la lettre de Massarenti, du 8 juin : « Cher Tibaldi, j'ai reçu votre chère lettre que vous m'avez prié de remettre à votre oncle ; » la lettre de Tibaldi à Mazzini, du 4 juin : « Mon cher oncle, voici la troisième lettre que je vous écris ; » le matériel trouvé chez lui.

Maintenant, qu'il dénie ; ses dénégations ne font que confirmer la réalité des faits.

Telles sont les preuves.

Quelle est la qualification légale du crime qui leur est imputé ? C'est un complot ayant pour but d'attenter à la vie de l'Empereur. La loi donne elle-même la définition du complot, art. 89 du Code pénal : « Il y a complot dès que la résolution d'agir est arrêtée et concertée entre deux ou plusieurs personnes. » Vous avez vu qu'il ne s'agissait pas, entre les accusés, de vœux confus, de vagues projets ; mais que la volonté d'agir avait été bien précisée. C'est le complot.

« Le complot ayant pour but, dit l'art. 89, les crimes mentionnés aux art. 86 ; » ce crime mentionné en l'art. 86, c'est l'attentat contre la vie de l'Empereur.

L'acte d'accusation relève une circonstance aggravante, à savoir, que le complot a été suivi d'un acte commis ou commencé pour en préparer l'exécution. Que faut-il entendre par ces mots ? Non pas un acte d'exécution, car, si le fait commencé était un acte d'exécution, le fait cesserait d'être un complot, il constituerait un attentat ; il ne s'agit que des actes préparatoires.

Les commentateurs en donnent des exemples ; j'ouvre la *Théorie du Code pénal*, et je lis : « Les actes préparatoires sont ceux qui précèdent l'action, mais qui n'en font pas partie. Ainsi, l'achat des munitions, la location des lieux nécessaires pour les déposer, la réunion des

associés, la préparation des armes, sont des actes pure-
ment préparatoires. »

Le complot que nous imputons aux trois accusés présents a été évidemment suivi d'actes préparatoires, no-
tamment le transport et la préparation des armes. Il ne
faut pas croire, d'ailleurs, que cette circonstance aggrave
le crime au point de le faire punir comme l'attentat lui-
même ; non, Messieurs, nous restons dans les peines d'un
degré bien inférieur.

Maintenant si, avant d'en finir avec les trois accusés
présents, vous me demandez si je les considère comme
des hommes bien dangereux, je vous répondrai que l'un
d'eux, Tibaldi, est un vrai fanatique ; les deux autres,
des hommes à tout faire, de misérables stipendiés ! Italiens tous les trois, grâce à Dieu ! comme Pianori qui
les a précédés, et qui était comme eux un envoyé du co-
mité révolutionnaire de Londres.

C'est une chose remarquable, Messieurs, que lorsqu'on
a besoin d'un poignard, il faut aller le chercher en Italie.
En France, on ne fait pas des fanatiques comme on veut.

J'en ai fini avec les accusés présents, et cependant,
Messieurs, il faut que vous consentiez à me continuer,
pendant quelque temps encore, votre bienveillante atten-
tion.

Je n'aurais pas à vous entretenir des accusés absents,
si je ne trouvais dans les faits qui les concernent la con-
firmation des faits qui sont à la charge des accusés présents.

Ai-je, d'ailleurs, besoin de dire que nous ne pourrions
supprimer entièrement de ces débats des noms et des
faits qui donnent à cette affaire une si grande importance, sans tromper l'attente publique, et sans faire

croire que ces noms ont été témérairement signalés à l'indignation de l'Europe, et que nous manquons de preuves pour soutenir notre accusation ?

Ce que nous avons exposé déjà prouve la participation directe au complot de Mazzini, de Ledru-Rollin, de Massarenti et de Campanella.

Nous allons l'établir en ce qui concerne chacun de ces accusés.

Campanella. — Il prend la qualité d'homme de lettres ; il est l'ami en même temps que l'agent de Mazzini. En l'absence du maître, il avait mission de faire exécuter ses ordres à Londres. On a vu, par les lettres saisies, que c'est à lui que la confiance du maître réservait le soin d'éprouver et de juger les hommes choisis par Massarenti. Ainsi, dans la lettre écrite par Mazzini à Massarenti, on lit : « Les croyez-vous capables et bien décidés? Alors allez chez Campanella et parlez avec lui ; je l'ai chargé et informé. »

Dans la lettre adressée directement à Campanella, la mission est encore plus clairement exprimée :

« Maintenant, écoute : veux-tu entendre en colloque secret Massarenti sur l'affaire de Paris... »

Nous relirons cette lettre en parlant de Mazzini. Ce passage suffit pour établir la participation de Campanella.

La participation de Massarenti est encore plus grande et en même temps plus fortement établie. Il y a non-seulement les lettres écrites à Massarenti, il y a celles qu'il a écrites lui-même. Il y a les aveux des accusés présents. Tout nous le représente comme l'agent le plus actif et le plus dangereux des œuvres de Mazzini. C'est lui que Mazzini appelle le *secret incarné*.

C'est Massarenti qui est allé chercher Bartolotti à

York, dans les débris de la légion anglo-italienne. C'est
lui qui a ramassé Grilli, dit *Faro*, dans une taverne de
Londres. Ces deux hommes étaient, en ce moment, ré-
duits à la dernière misère. Ils manquaient même de vête-
ments. Il a fait briller de l'or à leurs yeux. C'est par là
qu'il les a entraînés et séduits.

C'est lui qui les a présentés à Mazzini et qui les a fait
agréer. C'est lui qui gourmandait et relançait Bartolotti
vers notre capitale, quand Bartolotti était revenu pour un
mois en Angleterre.

Massarenti, Campanella, Tibaldi, Grilli, Bartolotti
sont donc les instruments actifs du complot. Mais quelle
que soit la part que toute cette boue d'Italie ait prise à
cet abominable projet, qu'il y a loin de la criminalité de
ces obscurs sicaires, instruments aveugles d'une volonté
supérieure, à la criminalité des deux hommes qui leur
ont mis le poignard à la main ! Tous les deux, je veux
parler de Ledru-Rollin et de Mazzini, ont joué un rôle
important dans leur pays; ils ont aspiré et ils aspirent
encore non-seulement à régler les destinées de leur propre patrie, mais à régler celles de l'Europe. Et du rappro-
chement de ces deux chefs de parti, de leurs combinai-
sons, de leurs efforts, qu'est-il sorti ? Un complot ayant
pour but l'assassinat ! Ici l'odieux du crime sert au moins
à mesurer la misère de leur impuissance. Voyons comment ils ont entendu l'un et l'autre mener à fin leur abominable projet.

Mazzini est l'inventeur d'une nouvelle théorie de l'assassinat. C'est l'assassinat à deux, par bandes isolées,
agissant, comme il le dit, séparément et sans se connaître, et lancées sur notre territoire à mesure que l'on
recrute un nouveau couple d'assassins. Laissons-le ex-

poser lui-même sa théorie dans ses lettres à Massarenti et à Campanella.

Dans la lettre à Massarenti, je lis :

« Quant aux deux amis de Bologne et de Faenza, dont vous me faites parvenir la proposition, la chose est devenue plus importante que jamais. *Presque toute la question est là.* Les croyez-vous capables et bien décidés... Rappelez-vous tout ce que je vous ai dit sur la *méthode à suivre.* Indépendants, deux à deux, c'est l'unique moyen. Si l'ami est parti, c'est inutile autant pour eux que pour *les deux que j'ai vus avec vous.* S'il revient de la campagne, alors les *deux anciens amis* ont aussi besoin d'un peu d'argent, etc. »

Avons-nous trop dit en affirmant que Mazzini créait une *méthode* de l'assassinat ?

Voyons la lettre à Campanella :

« Maintenant, écoute ; veux-tu entendre en colloque secret Massarenti *sur l'affaire de Paris ? Apprends qu'elle est devenue plus que jamais désirée et urgente.* Il y en a *deux* qui se proposent ; mais la question principale est de savoir s'il les connaît bien. Si leur demande est modérée et si la conviction de Massarenti est favorable, qu'il cherche ou qu'ils cherchent des passe-ports, je ne puis d'ici m'occuper de tout cela, et qu'ils aillent. Ci-incluse est une ligne pour l'ami qui demeure rue Ménilmontant, **122** ; là ils trouveront *le matériel ;* mais mon intention est qu'ils agissent indépendants, deux à deux ; *je fais la même chose d'ici.* »

« *Je fais la même chose d'ici !* »

Oh ! infamie ! jamais homme a-t-il parlé avec tant de cynisme et d'impudeur de la plus abominable des entreprises, celle d'un assassinat en permanence ?

Avez-vous encore remarqué ces mots : *Si leur demande est modérée... Il faut que les deux nouveaux soient économes.* C'est un homme d'ordre ; il a son budget de l'assassinat, et il fera des économies même sur les assassins !

Voilà l'homme, l'homme avec lequel Ledru-Rollin va entrer en conférence sur ce qu'ils appellent *l'affaire de Paris.* Nous n'avons pas de lettre de Ledru-Rollin. On a toujours dit de lui que, lorsqu'il s'agissait de sa personne, il brillait surtout par la prudence. Mais il a compté sans les révélations de ses complices, et c'est par là que deux fois nous l'aurons saisi en flagrant délit de complot ayant pour but l'assassinat. Si le débat était régulièrement ouvert contre cet accusé, nous établirions, par des preuves judiciaires, sa participation au complot de 1853, dont vous a entretenu le témoin Géraux ; quoique cette affaire ait son importance, nous ne pouvons cependant la traiter qu'incidemment.

Le 17 janvier 1853, un nommé Kœlsch, capitaine d'infanterie, et deux Italiens, Galy et Rossini, tous les trois venant de Londres, furent arrêtés à Paris, où ils étaient venus avec la mission d'attenter à la vie de l'Empereur.

Kœlsch avait avoué, dans son interrogatoire, qu'il avait fait part de ses projets à Ledru-Rollin ; mais cette déclaration était restée isolée. Plus tard, Géraux a été condamné ; il subit encore sa peine ; il a appris que Ledru-Rollin le dénonçait comme agent secret ; il a parlé ; vous l'avez entendu reconnaître qu'il avait été chargé par Ledru-Rollin de remettre 500 fr. à Kœlsch. Cette déclaration se trouve aujourd'hui corroborée par un rapport de police, à la date du 7 janvier 1853, dans lequel on rend compte de l'entrevue de Kœlsch et de Géraux, entrevue qui avait lieu sur la place de la Madeleine.

Les interrogatoires de Kœlsch, dont il a été donné lecture; la déposition de Géraux, qui expie aujourd'hui encore dans les prisons le malheur d'avoir été lié avec tous ces hommes, ne peuvent laisser aucun doute sur la réalité de ce crime.

Le rôle que Ledru-Rollin a joué dans l'affaire Kœlsch, celui de bailleur de fonds, de conseil et d'instigateur, il l'a joué dans le complot de 1857.

Écoutons Bartolotti. Lorsque, dans son deuxième interrogatoire, il se décide à entrer timidement dans la voie de la vérité, voici comment il s'explique au sujet de Ledru-Rollin :

« ... J'ai été conduit chez Mazzini, et je m'y suis trouvé avec Massarenti et un Français, Ledru-Rollin ; Mazzini soutenait que l'Empereur sortait le soir ; Ledru-Rollin soutenait le contraire... Quelques jours plus tard, je suis retourné chez Mazzini, où était aussi l'Italien qui devait venir avec moi. Ledru-Rollin n'était pas à cette seconde réunion, mais Massarenti y était. »

Quoique vous ayez entendu Bartolotti à l'audience s'expliquer très-nettement sur ce point, je remonte au premier interrogatoire, parce que c'est là qu'il faut saisir la vérité. Personne ne lui parle de Ledru-Rollin. C'est un étranger qui n'est pas en situation d'apprécier l'importance de cette déclaration, et qui, spontanément, nous apprend qu'un Français, qu'il a entendu appeler Ledru-Rollin, assistait à cette première entrevue. Plus tard, quand Bartolotti est entendu par le juge d'instruction, il reproduit la même déclaration. A l'insistance des questions qui lui sont adressées, il peut comprendre que cette déclaration est d'une grande importance, et cependant il n'ajoute pas un mot de plus, il ne dit pas un mot de moins. On lui demande un signalement, il le donne, et ce signalement se rapporte parfaitement à Ledru-Rollin.

Comment, dira-t-on, ce nom français s'est-il gravé dans son esprit ? C'est qu'il l'a entendu prononcer dans une autre occasion bien importante pour lui. Il s'agissait de toucher son argent.

Vous savez que Bartolotti était arrivé d'York à Londres dans le dénuement le plus complet. Comme il demandait de l'argent à Massarenti, celui-ci lui répondit : «Mazzini t'en donnera ; mais il n'a pas le sou dans ce moment, et il ne pourra te donner de l'argent que quand ce Français lui en aura donné à lui-même. « « Je suis bien certain, ajoute-t-il, que le nom de Ledru-Rollin fut prononcé dans ce moment-là. » Il en est bien certain, parce que la chose était pour lui de conséquence. Ce trait parle plus haut que toutes les affirmations possibles.

Voyez, d'ailleurs, comme tout confirme, sur ce point, la déclaration de Bartolotti. Il n'a vu Ledru-Rollin qu'une fois, à sa première entrevue avec Mazzini. On peut voir qu'il ne brode pas sur cette entrevue. S'il inventait, il aurait prêté quelque propos notable à ce conspirateur émérite ; il se borne à dire que les deux chefs disputaient sur le point de savoir si l'Empereur sortait ou ne sortait pas la nuit.

Il ajoute que Ledru-Rollin n'assistait pas à la deuxième entrevue avec Mazzini, et, sur ce point, sa déclaration est confirmée par celle de Grilli.

Il ne faut pas dire maintenant, pour affaiblir l'effet incontestable de cette déclaration, que cet homme est un misérable. Le misérable est celui qui lui a mis le poignard à la main. Il y a deux hommes qui n'ont pas le droit de le flétrir, ces deux hommes sont ceux qui l'ont séduit et qui l'ont perdu. Bartolotti est accessible à l'intérêt, à la bonne heure. Mais quel intérêt avait-il quand il a prononcé le nom de Ledru-Rollin? Il sait bien qu'il est en présence d'une condamnation dont rien ne le sauvera. Grilli, après tous ses aveux, ne demandait qu'une chose : c'était d'être envoyé dans un autre bagne que celui où seraient ses complices, disant qu'il serait infailliblement assassiné.

Voilà toutes les prétentions de ces malheureux : se mettre à l'abri dans un bagne ! Pourquoi voulez-vous qu'ils accusent formellement Mazzini et Ledru-Rollin?

Tout ce qu'ils ont dit de Mazzini n'a-t-il pas été vérifié point par point? Ils ne savaient pas que nous avions la correspondance. En quoi ont - ils menti ou exagéré? Qu'ont-ils dit? Que Massarenti les avait recrutés, l'un à York, l'autre à Londres; n'est-ce pas la plus exacte vérité (lettres de Massarenti et de Mazzini)? Qu'on les avait adressés à Tibaldi; n'est-ce pas la plus exacte vérité? Que Mazzini leur avait ordonné d'agir deux par deux; n'est-ce pas l'exacte vérité? Que le matériel était chez Tibaldi; que Tibaldi leur avait remis deux poignards; n'est-ce pas la plus exacte vérité? Ils auraient donc menti sur un seul point : leur entrevue avec Ledru-Rollin et Mazzini? Non, la chose n'est pas admissible. Quant à Mazzini, il le reconnaît dans une de ses lettres, c'est la lettre à Massarenti, où nous lisons : « Si l'ami est parti, c'est inutile, autant pour *eux* (ce sont les deux nouveaux) que pour les *deux que j'ai vus avec vous.* » Voilà l'aveu écrit de Mazzini.

Faudra-t-il produire un aveu écrit pour convaincre Ledru-Rollin? C'est à la conscience de chacun de peser les preuves. Il y a tel indice, dans telle circonstance donnée, plus convaincant que toutes les preuves écrites. Ledru-Rollin a-t-il, d'ailleurs, le droit de s'étonner ou de s'indigner de cette accusation ? Il serait fastidieux de chercher dans les écrits de Ledru-Rollin les traces visibles de son opinion sur l'assassinat politique ; je me bornerai à une citation :

Dans un de ses pamphlets qu'il publie en Angleterre et en Belgique, je lis ceci :

« Paris sait que les jours du maudit ont été vingt fois menacés ; que l'armée elle-même a fourni son contingent à l'œuvre de justice (ce qui est un abominable mensonge), et s'il a échappé, c'est sans doute que l'avenir lui réserve une expiation plus solennelle. C'est à Paris que le crime a été commis, c'est à Paris qu'il doit être puni. »

Ce qu'il a fait en 1857, n'est-ce pas ce qu'il a fait en 1853 dans l'affaire Kœlsch, et vaut-il mieux que Mazzini dont la participation est si formellement établie ? Si nous n'avions pas les lettres de Mazzini, vous l'entendriez protester avec tous les emportements de l'indignation et de la colère contre une accusation d'assassinat. Eh bien ! je mets les protestations de Ledru-Rollin à côté de celles de Mazzini, et je ne puis croire que ces deux hommes, si étroitement unis pour le mal, se soient séparés quand le moment est venu de passer à l'exécution.

Ce crime n'est-il pas d'ailleurs dans la logique des opinions révolutionnaires ? Pour tous ceux qui ne rêvent qu'insurrection et désordres, le grand obstacle c'est l'Empereur des Français. « La chose est devenue plus importante que jamais, dit Mazzini en parlant de l'assassinat de l'Empereur, « presque toute la question est là. »

Entendez bien ce mot, vous tous qui, regardant avec une juste terreur tous les ferments d'irritation et de désordre que cinquante ans de révolution ont jetés dans toute l'Europe, vous demandez avec anxiété quel pouvoir, quelle force, quel homme pourront faire obstacle à tant de menaces et à tant de périls? Mazzini vient de vous le dire : C'est l'Empereur, c'est la France. Presque toute la question est là. Au moment où il songe à bouleverser l'Italie, son regard inquiet se tourne vers la France, et il crie à ses adeptes : « Presque toute la question est là. » Lui-même. au moment où il organise les bandes armées qui vont attaquer Gênes, Livourne et la Calabre, cherche encore, au milieu de tant de persécutions diverses, des hommes pour l'affaire de Paris. Vous vous souvenez de ces mots : « Je fais la même chose d'ici. »

Mesurez maintenant, Messieurs les Jurés, mesurez, s'il est possible, toute l'étendue du bouleversement et du désastre que préparaient les machinations de ces deux hommes. Les élections de Paris, l'assassinat de l'Empereur, le soulèvement de l'Italie devaient concourir en même temps au succès de leur entreprise. Le théâtre qu'ils avaient choisi pour jouer cette grande et misérable scène, ce n'était pas l'Italie seulement, ce n'était pas la France, c'était l'Europe. Qui peut douter, en effet, si la France et l'Italie étaient en feu que l'incendie ne s'étendît sur toute l'Europe? Je ne sais pas une nation, pas une seule, qui pût se croire à l'abri de ce grand désastre.

C'est le gouvernement constitutionnel du Piémont qui a été le premier attaqué. Quelle leçon pour ceux qui au même moment croyaient pouvoir établir une alliance sûre et honnête entre les libertés constitutionnelles et la licence démagogique !

Grâce à Dieu, ce péril s'est éloigné de nous. Nos élections générales, que les agitateurs de France signalaient comme une occasion infaillible de trouble et de désordre, se sont faites avec un calme et une régularité qui font bien voir que les droits politiques d'un peuple ne s'exercent jamais plus librement que sous un gouvernement fort et respecté.

L'Italie, au lieu de répondre au cri d'insurrection de Mazzini et de se joindre à ses bandes armées, les a repoussées par ses troupes demeurées fidèles et par ses gardes urbaines, et elle a maudit, une fois de plus, le nom de Mazzini si funeste à sa liberté.

Que restera-t-il de ces tentatives heureusement avortées? Pour la France, la conviction qu'elle est, à cette heure, le boulevart de l'Europe, et que, lorsqu'on veut troubler le monde, c'est contre le chef de l'État que l'on conspire.

Pour l'Italie, la conviction plus entière encore qu'elle n'a pas d'ennemi plus dangereux que Mazzini, et qu'elle n'aura ce qu'elle désire que lorsque l'indignation publique aura chassé cet infatigable conspirateur du territoire de l'Europe.

Quant à Mazzini et Ledru-Rollin, je leur prédis, avec l'autorité que me donne le cri de la conscience universelle; je leur prédis que leur rôle politique est terminé, et que cette journée, où leur crime est dévoilé à tous les yeux, leur sera plus fatale que dix batailles perdues. Ce n'est pas le jour où vos bandes armées étaient repoussées avec indignation par les troupes fidèles du Piémont et de la Toscane ou par les paysans armés de la Calabre; ce n'est pas ce jour, Mazzini, que votre puissance s'est évanouie, c'est le jour où il a été prouvé que vous avez fait de l'assassinat une organisation et une méthode, où vous avez prêché à vos adeptes et mis en pratique la théorie des assassins allant deux à deux et par bandes séparées, se recrutant sans cesse, et où vous avez ainsi mérité le nom de roi des assassins.

Regardez maintenant autour de vous, malheureux proscrits ! La pitié qui s'attache au malheur était la consolation de votre exil; mais, s'il y a pitié pour les exilés, il n'y a pas de pitié pour les assassins.

Que les nations étrangères vous repoussent ou qu'elles vous donnent encore une hospitalité si peu méritée, vous verrez un second et plus terrible exil se former autour de vous. Le prestige du malheur, celui de l'exaltation politique, tout vous abandonne à la fois; allez, vous n'êtes plus dangereux pour le repos de l'Europe. Vous avez pu l'agiter au nom de la liberté, mais entendez bien ceci : Vous n'avez plus le droit de parler ou de combattre pour la liberté, l'ayant voulue par l'assassinat. .

Donc, il n'y a rien de politique, quoi que vous en puissiez dire, dans l'accusation dont vous êtes aujourd'hui l'objet. Ces poignards, ces pistolets étalés sur cette table et saisis au domicile de l'un de vos complices, ne sont pas des armes de guerre : ce sont les instruments de l'assassinat. Eh bien ! c'est votre argent qui les a payés, et c'est vous qui les avez mis aux mains des meurtriers.

Que la flétrissure de cette accusation pèse à jamais sur votre tête, et qu'elle achève de vous démasquer et de vous perdre aux yeux de l'Europe, dont vous êtes les plus redoutables ennemis.

Jamais accusation ne fut établie sur des preuves plus précises, plus concordantes, plus *judiciaires*. Les aveux de vos complices, vos propres lettres, celles qui vous ont été adressées, la saisie des armes, tout démontre votre culpabilité, et justifie les réquisitions que nous devons prendre contre vous.

Nous avons fait notre devoir; Messieurs les Jurés, c'est à vous de faire le vôtre avec la fermeté et l'indépendance qui conviennent à des hommes probes et libres.

4883   Imprimerie et Lithographie de Renou et Maulde, rue de Rivoli, 144.